Zurück im
Fundbüro
der Träume

Astrid Reimann

Bibliografische Information der Deutschen
Nationalbibliothek: Die Deutsche
Nationalbibliothek verzeichnet diese Publikation in
der Deutschen Nationalbibliografie; detaillierte
bibliografische Daten sind im Internet unter
http://dnb.dnb.de abrufbar.

Foto Cover: Marc Albrecht
Foto im Buch: Astrid Reimann

Herstellung und Verlag:
BoD-Books on Demand Norderstedt

ISBN: 9783746006666

Für meine Familie und Wegbegleiter

INHALT

DAS BESONDERE
GEBURTSTAGSGESCHENK

Der Zeitungsausschnitt liegt noch immer auf ihrem Nachttisch. Anja hatte die Anzeige vor einigen Wochen herausgerissen. Mutig kam sie sich dabei vor und sogar ein bisschen verdorben. „Er besucht sie." Darunter eine Handynummer. Schon einige Male hatte sie den Hörer in der Hand gehabt, sich aber letztlich doch nicht getraut. Warum eigentlich nicht? Wer sollte darüber urteilen? Schließlich war sie allein, viel zu lange schon; selbst ihre beste Freundin Sabine konnte sie nur selten davon überzeugen, mal wieder unter Leute zu gehen.

Und in der Schublade liegt doch noch der Umschlag mit dem Geld ...

Eine sehr angenehme, tiefe Stimme meldet sich. „Hier ist Wolfgang". Locker plaudert er mit ihr. Dass er groß und in ihrem Alter sei, für heute Abend aber leider ausgebucht. Morgen könne er zu ihr kommen. Plötzlich geht es ihr nicht schnell genug. Noch einmal wählt sie seine Nummer und fragt, sich dabei entschuldigend: „Kondome, bringst du die mit? Ich habe so was gar nicht im Hause."

Als sie auflegt, glühen ihre Wangen.

In dieser Nacht träumt sie von großen, durchtrainierten Männern, die ihr jeden Wunsch von den Lippen ablesen.

Sowie sie am Morgen wach wird, beschäftigt sie nur eine Sorge: in ihrem Kleiderschrank etwas halbwegs Ansprechendes oder Erotisches zu finden. „Es ist sehr lange her, dass sich jemand dafür interessiert hat, was ich darunter trage", denkt sie und hält prüfend einen Slip ins Licht, der eher ein Erbstück sein konnte.

In der hintersten Ecke findet sie schließlich doch noch etwas Brauchbares – einen Body, der früher einmal weiß war, und den sie damals mehr für ihren Freund als für sich gekauft hat. Das Teil hatte schon bessere Zeiten erlebt.

Sie auch.

Sie sieht zur Uhr, jeden Moment würde er hier sein. Als es klingelt, stakst sie auf wackligen Beinen zur Tür. Vor ihr steht ein Mann, der einige Jahre älter und mindestens einen Kopf kleiner ist als sie. Statt auffallender Muskeln hat er lichtes Haar. Auf der Straße wäre sie an ihm vorbeigelaufen.

„Für den", denkt Anja, „reicht auch mein Body!"

Sie ist neugierig, wie er anfangen wird. Vor lauter Verlegenheit stellt sie ihm völlig unmögliche Fragen - wie er auf diese Idee kam, wie lange er das schon tut...

Während sie spricht, beginnt er, ihr das Haar zu bürsten. Sie spürt es bis in die Zehenspitzen. Er hat bereits gewonnen.

Das habe er früher auch bei seiner Frau getan, die leider vor einem Jahr gestorben ist.

Sie glaubt ihm. Sie hat sich soeben entschlossen, alles zu glauben.

Und so erzählt er ein wenig von seiner Ehe und dabei streichelt er sie, unaufdringlich, sanft, nicht fordernd.

„Also das hier ist irgendwie anders, als in dem Film, den ich gesehen habe", schiesst es Anja durch den Kopf.

Sie lässt sich auf seine Berührungen ein und redet zwischen ersten Küssen weiter. Sie fühlt sich fast schon wohl mit ihm, als wäre er ein langjähriger Freund.

„Vorsicht, Anja, das hier ist nur heute!", ermahnt sie sich.

„Leg dich hin", flüstert Wolfgang und beginnt, sie zu massieren. Die Schultern, den Rücken, die Beine. „Dreh dich um!" Mit pochendem Herzen folgt sie seiner Aufforderung und schließt die Augen.

Seine Hände tun ihr gut und es ist auch überhaupt nicht mehr wichtig, dass er lichtes Haar hat und keinen Waschbrettbauch.

Schließlich redet Anja nicht mehr.

Am kommenden Nachmittag ist Anja bei Tante Erika zu einer Familienfeier eingeladen. Sie hasst diese verwandtschaftlichen Pflichtveranstaltungen und hofft, auch diese möge schnell wieder vorbei sein.

Als ihre Tante ihr eine Frage quer über den Tisch zuwirft, verschluckt sich Anja fast an ihrem Kaffee: „Hast du dir eigentlich von meinem Geburtstagsgeld schon was Schönes gekauft?"

Alle Augen sind auf sie gerichtet. „Mmh" murmelt Anja, angelt sich schnell ein neues Kuchenstück und beißt hinein. „Hervorragend wieder dein Kuchen, wirklich!" nuschelt sie beim Kauen. Tante Erika lächelt verlegen.

Am Abend steht dann Sabine vor ihrer Wohnungstür. „"Sage mal, wo treibst du dich rum, ich habe gestern immer wieder versucht, dich zu erreichen?"

„Ach ich hatte total vergessen, das Telefon wieder reinzustecken."

„Und wieso hattest du es überhaupt rausgezogen? Ach Anjamäuschen, soll ich dir wieder jedes Wort aus der Nase ziehen?"

„Ich hatte Besuch."

„ Na das muss ja ein wichtiger Besuch gewesen sein, wenn du sogar das Telefon abstellst."

Und Anja erzählt ihr von Wolfgang.

Sabine steht der Mund offen. „Ein"... setzt sie an, doch Anja überhört es.

Strahlend fragt sie stattdessen: „Weißt du, was das Beste daran war?"

Doch als sie sieht, welches Wort Sabine schon mit ihren Lippen formt, kommt sie ihrer Antwort zuvor: „Nein nicht das, was du wieder denkst. Das Beste war eigentlich nicht der Sex. Sondern dass ich mich endlich wieder als Frau fühlte.

Es gab keine Verletzungen, weil von vornherein alles klar war. Und ich, ich genoss es, dass ich mich wieder selbst gespürt habe, dass ich ohne Hemmungen nackt durch die Wohnung gelaufen bin und dass ich reden konnte mit ihm."

„Reden? Aber ihr habt nicht nur geredet?"

Nein. Nicht nur.

Anja hängt ihrer Erinnerung nach. Sabine betrachtet die Freundin, stellt sich Wolfgangs Hände vor und wie die beiden...

Schließlich platzt es aus ihr heraus: „Ein... -also ehrlich, dass du dich so was traust! Ich bin ja entsetzt!

Kannst du mir auch mal seine Nummer geben?"

Die Eltern kommen

Der Staub scheint nachzuwachsen, je mehr ich putze. Er legt sich auf die Schränke, legt sich auf mein Gesicht, auf den Tag und meine Freude.

Sie klingeln. Viel zu früh, wie immer. „Kinder, zieht euch bloß schnell um!"

Sie sind schon oben. Küsschen auf Lippenstiftmund. Küsschen auf Staubmund. „Schön, dass ihr da seid!"

„Wo sind denn die Kinder?"

Das ist das Stichwort – die Kinderzimmertür wird aufgerissen, die Klinke schlägt gegen die Wand, nicht zum ersten Mal, und eine geballte Kraft rennt gegen Oma und Opa an.

Mein Sohn trägt sein T-Shirt verkehrt herum, nun sind die Flecken von der Tomatensoße auf dem Rücken.

„Ach, so schöne Blumen! Das wäre doch aber nicht nötig gewesen. Kaffee läuft schon. Kommt doch rein!"

Ich habe einen Fertigtortenboden mit Früchten belegt.

„Hast du dir wieder soviel Arbeit gemacht", sagt Mutter.

„Hast du keine Sahne?", sagt Vater.

„Dürfen wir raus?", fragen die Kinder.

Schnell werden Überraschungseier verteilt.

Ich atme erleichtert auf, denn Mutter hatte die Flecken nicht bemerkt.

„Was macht die Arbeit?", fragt Vater.

„Zahlt er pünktlich?", fragt Mutter.

„Wollt ihr noch Kaffee?", frage ich.

Mutter möchte nicht mehr. Sie hat es neuerdings mit dem Magen. Und ist schon mit dem Geschirr in der Küche. „Wo hast du denn eine Schürze?", fragt sie, obwohl sie weiß, dass es die hier noch nie gab.

Später, als Mutter auf der Toilette ist, drückt Vater mir einen Fünfziger in die Hand. „Kannst du doch sicher gebrauchen."

Ich bin in Gedanken bei meiner Mutter im Bad mit dem blank gewienerten Spiegel, den glänzenden Fliesen, dem polierten Wasserhahn – den halben Tag lang habe ich damit zugebracht und weiß doch genau, sie wird etwas finden. Sie findet immer etwas oder sollte es heute anders sein?

Mutter kommt zurück. „Kind, du solltest dir unbedingt dieses neue Mittel besorgen, ach, wie hieß das doch nur, das musst du doch aus der Werbung kennen, damit kannst du wunderbar diesen Stein aus der Toilette entfernen!"

Mein Gesicht nimmt die Farbe des Toilettensteines an.

Wir reden dann noch ein bisschen. Über Steine und Magenschmerzen, über Unterhaltszahlungen und die intakte Familie meiner Schwester und wie sich deren Kinder so machen. Ich frage mich schon lange nicht mehr, ob sie bei ihr auch so in alle Ecken schaut.

Ich sitze da und beobachte die Staubkörnchen in meinem Wohnzimmer. Wie sie fliegen und rötlich schimmern in der Sonne. Wie sie zielsicher auf ihrem Platz landen.

Wo ist mein Platz?

Vater wird unruhig. „Wir sollten langsam gehen." Es ist ihre Zeit.

„Schön, dass wir mal wieder zusammen waren", sagt Mutter.

„Schade, dass die Kinder unten sind", sagt Vater.

„Kommt gut nach Hause", sage ich.

Ich rufe die Kinder. Vom Fenster aus sehe ich, wie die vier sich voneinander verabschieden und fühle mich dabei wie ein Zuschauer im Theater.

Mir ist kalt. Ich möchte noch etwas sagen, doch die Worte stellen sich nicht ein. Und schließlich sind meine Eltern nur noch zwei winzige Punkte am Ende der Straße.

AUFLÖSUNG EINES KNOTENS

„Einatmen, ausatmen, nicht mehr atmen!"

Bis in den Warteraum hört man die Anweisungen hinter den Kabinen.

Sie steht in der langen Reihe vor der Anmeldung der Röntgenabteilung.

„Die Blutwerte sind völlig normal", hatte die Ärztin gesagt, trotzdem veranlasste sie auf ihr Drängen hin die Ultraschalluntersuchung.

Sie würde sich hinlegen müssen, in ihrem Nacken eine Rolle, und ihr Hals bloß und verletzlich. Sie würde an die Decke starren und versuchen, das Gerät auf ihrem Hals zu ignorieren so wie den Gedanken an ihren Knoten, den sie doch so deutlich spürte, als würde jemand versuchen, ihr die Luft zu nehmen.

Dieser Druck war auch in ihrem Hals, als sie den Eltern begann, vom Theaterspielen zu erzählen. Sie hatte es lange aufgeschoben, bis zu den ersten Proben, bis sie eine feste Rolle hatte, bis nach der Premiere; ahnte sie doch bereits die Reaktion. „Das Kind...'

Das Kind ist sechsunddreißig. Und zum ersten Mal in seinem Leben weiß es, dass dieser Weg der einzig mögliche ist. Die Bühne stillte ihre Sehnsucht, die sie seit Jahren fühlte und entfachte sie zugleich jedes Mal neu. Das Feuer hatte lange nur geschwelt, weil es sauerstofflos blieb.

Und sie hatte es zugelassen.

Es sollte ihr nie wieder passieren.

Der Knoten hatte sich gebildet, als sie noch ein kleines Mädchen war.

Sie hatte es bis heute nicht vergessen, dieses Gefühl, als sie auf dem Schoß ihres Vaters saß, und er ihr englische Vokabeln ins Gesicht sprach.

Sie sollte sie wiederholen und konnte es nicht.

Der Vater hatte daraufhin zu ihr gesagt hat: „Du wirst es schwer haben im Leben!"

Sie ging damals noch nicht einmal zur Schule. Als dann die Einschulung bevorstand, sagte sie ängstlich: „Ich kann das doch nicht!"

„Kann nicht heißt, ich will nicht!" sagte der Vater. Immer.

Er wusste ja nichts von dem Knoten.

„Ich hatte eine Eins in Englisch, Papa, eine Eins! Immer!"

Ein Lachen stieß von innen gegen ihre Lippen, als sie sich daran erinnert.

„Alles in Ordnung" würde der Arzt sagen und ihr das Zellstofftuch reichen, damit sie sich das Gel abwischte. Aber sie wusste, dass er da war, der Knoten.

Der Vater trug damals auch einen weißen Kittel bei der Arbeit. Manchmal hatte sie ihn dort besucht, wo er sich tief über Zeichenblätter beugte, die so groß waren, dass sie über die Tischkanten hingen. Für sie sahen die Zeichnungen aus, als wären alle Straßen der Stadt darauf gemalt und sie wäre gern mit dem Finger auf ihnen spazieren gegangen.

Sie hatte es ihm nicht gesagt. Meist sprachen sie ohnehin kaum, wenn sie bei ihm saß, denn er musste sich sehr konzentrieren.

Je mehr sie ihren Eltern vom Theater erzählte, von der Rolle, die sie spielte, von den Menschen, die so brannten wie sie, wich der Druck langsam von ihrem Hals.

Die Flammen züngelten, ergriffen ihre Arme, die in lebhaften Gesten ihre Worte umrahmten, und ihre Augen fingen ein Lächeln der Mutter auf.

Da wusste sie, dass er endlich fallen würde, der Satz „Wir sind stolz auf dich!"

Sie glaubte es bereits zu hören, das Www, dieses zittrige Brummen, als würde eine Wespe durch das Zimmer fliegen.

Aber der Vater müsste es sagen.

„Komm Vater, wir fliegen!"- Mit einem Mal war dieser Satz in ihrem Kopf. Ein Gedicht, das sie vor Jahren geschrieben hatte. Ihr Blick geht zum Vater.

Das zittrige Wespen-W war einem anderen Laut gewichen, nicht weich, hart, ein Misston:

„Aber singen musst du nicht?"

Sie wollte das nicht hören, doch die Hände blieben im Schoß, anstatt sich auf die Ohren zu legen. Sie flog fort.

„Nein, Papa, ich muss nicht singen, aber ich könnte es. Schau dir doch mal eine Vorstellung an! Ich kann singen und ich hatte eine Eins in Englisch und ich denke, Papa, wir sollten endlich fliegen!"

Sie hatte das nicht wirklich ausgesprochen, es waren nur Gedanken, die am Knoten kleben blieben wie Büroklammern an einem Magneten.

Als sie sich verabschiedeten, bald darauf, war sie blass unter dem Rouge, welches sie aufgelegt hatte für diesen besonderen Moment.

Die Mutter umarmte sie kurz. Der Vater hielt ihre Hand an der Tür. Ohne Worte.

Das war gestern. Am Abend noch hatte Mutter angerufen. Es ginge ihm ja gar nicht so gut.

Nach der Untersuchung könnte sie zu ihm gehen. Lange würde sie ohnehin nicht bleiben können, sie hatte Probe.

Sie wird aus ihren Gedanken gerissen, als die Schwester sie anspricht und ihren Überweisungsschein sehen will. „Ihr Termin war aber gestern, jetzt kann ich Sie erst im nächsten Quartal wieder unterbringen."

„Ach.

Ja. Also ich ruf dann lieber noch mal an, hab meinen Kalender nicht dabei", stammelt sie mit rotem Kopf und hastet zum Ausgang.

Der Vater sitzt in eine Decke gehüllt auf der Terrasse.

„Wie geht es dir?"

Sie legt ihre Hand auf seine, die er unter der Decke hervorgeschoben hat. Unausgesprochenes schwirrt in der Stille zwischen ihnen.

Sie steht auf. „Hat Mama wieder schön gemacht", sagt sie und zeigt auf das kunstvolle Pflanzenarrangement in den Blumenkästen, als wäre das im Moment das Wichtigste. Sie beugt sich über eine Geranie.

„Ich muss jetzt gehen. Vielleicht komm ich morgen noch mal."
Sie räuspert sich, drückt ihm einen flüchtigen Kuss auf die Wange, greift ihre Tasche und verlässt die elterliche Wohnung.

Nachdem sie die Haustür hinter sich geschlossen hat, lehnt sie sich für einen Moment an die Wand. Ihr ist schwindlig.

„Du hast den Knoten nicht im Hals sondern im Kopf" hatte eine Freundin zu ihr gesagt. Warum fällt es ihr gerade jetzt ein?

Bei der Theaterprobe geht es um den Ausdruck von Gefühlen.
„Lasst euch einfach mal gehn, in die Empfindungen reinfallen.

Wenn ihr traurig seid, wo fühlt ihr den Schmerz? Beginnt ein Lachen in eurem Bauch oder im Hals?

Wie fühlt es sich an, wenn ihr wütend seid, welche Haltung habt ihr dann? Und ich will euch hören!" schallen die Anweisungen durch den Raum.

Es kostet sie Überwindung, immer noch.

Anfangs.

Aber langsam gelingt es ihr, sich fallen zu lassen, sie spürt den Schmerz, ihre Arme umfassen den Knoten, als wollten sie ihn ausreißen. Ihr Atem geht schnell, ihr Körper windet sich, sie hat aufgehört, zu denken, sie wird immer lauter, schreit alles raus, bis kein Wort mehr in ihr ist.

Mit schweißnassem Haar steht sie in der Mitte der Bühne und erst da bemerkt sie, dass die anderen einen Kreis um sie gebildet haben.

Ihr Herzschlag hämmert im Kopf.

Verlegen wischt sie sich mit der Hand über das Gesicht, lächelt.

Anfangs ist es eher ein leichtes Zucken der Mundwinkel, doch dann lacht sie auf, laut, befreit.

Schließlich verbeugt sie sich.

Nicht der Vater musste fliegen oder sie mit dem Vater. Nein, sie selbst musste es tun. Allein. Weg von ihm - nur so konnte sie zurückkehren.

Denn keine Heimkehr ohne Reise.

Als sie am Abend ihre Wohnung betritt, stellt sie sich vor den großen Spiegel im Flur.

„Hey, wer bist du eigentlich genau. Kenne ich dich?"

Sie wirft ihre Tasche auf die kleine Kommode, schleudert ihre Schuhe von den Füßen. „Den Ultraschalltermin brauchst du doch in Wahrheit nicht!" redet sie weiter zu ihrem Spiegelbild.

Sie verschränkt die Arme vor der Brust, hebt das Kinn und dann spricht sie ihn aus, diesen Satz, weil sie endlich begriffen hat, dass sie ihn sagen muss, nur sie allein und zu sich selbst und immer wieder.

FÜR MARIE

Seine besten Jahre sind vorbei. Er weiß es. Sie füllen seinen Bauch. Bierzeitrechnung. Jeden Tag fünf, manchmal auch mehr. Die Jahre hängen ihm über den Hosenbund.

Er hat sich in die Jeans gezwängt. Wenn er sie trägt, fühlt er sich ein bisschen wie damals, als er noch gebraucht wurde, an der Maschine. Der Motorenlärm in der Halle hat seine Stimme laut gemacht.

„Brüll doch nicht so!" hat seine Marie immer gesagt.

Marie ist gestorben im letzten Jahr und nun brüllt er nicht mehr und seine Stimme ist in den Bauch gerutscht zu den Bierjahren.

Er sitzt im Café an der Seepromenade, wo er mit Marie oft war. Die Jeans, die er heute trägt, wird schon dünn über dem Hintern und an den Knien. Seine Hände liegen massig auf den Schenkeln. Ab und an greifen sie zum Glas, mehr haben sie nicht zu tun. Dabei konnten sie zupacken. Doch das ist lange her. Länger als Marie von ihm gegangen ist. Sie hatte es gemocht, wenn er sie packte, liebevoll, kraftvoll, einfach hochhob, sein Mädchen, hoch über seinen Kopf, bis sie quietschte.

Heute quietscht nur die Tür zum Schlafzimmer. Er könnte sie ölen. Für Marie. Doch er schläft jetzt auf der Couch, lässt das Bettzeug auch am Tage dort liegen, immer öfter. Meist nickt er beim Fernsehen ein ohne den gewohnten liebevollen Stoß in die Seite: „Du schnarchst schon wieder, alter Brummbär!"

Es ist wenig los heute im Café. Aber der Tisch, an dem er mit Marie saß, ist besetzt. Drei ältere Frauen, die mit Rotwein anstoßen und dabei lachen und schnattern wie junge Mädchen.

Die eine hat Maries Augen. Es tut weh. So heftig, dass er sich an die Brust fassen muss. Vielleicht sollte er nicht mehr trinken? Für Marie.

Er kippt das Glas bis auf eine Neige hinunter und legt einen Geldschein daneben. Beim Aufstehen stützt er sich schwer auf die Tischkante.

Er wirft einen letzten Blick auf ihre Augen. Seine Lippen bewegen sich wie zu einem Gruß.

Und Marie lächelt.

DÜNNE WÄNDE

Das Haus wird nach unten hin immer älter.

Die einzige Ausnahme war der junge Mann in der Einraumwohnung mit dem Fenster neben dem Hauseingang. Dort schien niemand lang wohnen zu bleiben, so häufig wechselten die Klingelschilder.

Er hatte einmal ein Paket für sie angenommen. Als er die Tür öffnete, schnell noch seine Hand an der Jogginghose abwischte, bevor er sie ihr freundlich hinhielt, konnte sie gleich in sein Wohnzimmer sehen. Einen Flur gab es nicht, so dass ihr Blick direkt auf das ungemachte Bett fallen konnte. Es war ihr peinlich. Und als ihre Nase den Geruch der Junggesellenwohnung wahrnahm, ein Geruch wie nach einer langen Nacht, in der man das Schlafzimmer sauerstoffleer geatmet hat, war sie hin- und hergerissen zwischen Widerwillen und Sympathie, weil der junge Mann ihr so offen begegnete.

Ein paar Wochen später sah sie ihn zufällig in einem dunkelblauen Anzug aus einem Wagen steigen. Er winkte ihr zu und sie musste zweimal hinsehen, ob es wirklich derselbe Mann war.

Wer noch gut zu Fuß war, wohnte in den oberen Etagen.

Manchmal drang die Melodie des Sandmännchens leise aus der vierten bis zu ihr und erinnerte sie an die Zeit, als ihr Sohn noch klein war.

Unter ihr wohnten die Alten, das Ehepaar Herrmann.

Und ich bin so ein Zwischending, dachte sie.

Sie wohnte seit über zwanzig Jahren in der Dreiraumwohnung im zweiten Stock. Anfangs noch zusammen mit ihrem Sohn. Als er auszog, kam ihr die Wohnung plötzlich riesig vor:

Viel zu viel Platz für mich allein!

Doch zunehmend begann sie, es zu genießen. Sie erinnerte sich gut an den Abend, an dem sie zum ersten Mal ganz bewusst den Schlüssel innen ins Schloss steckte, zuschloss, und dachte:

Ich allein kann entscheiden, wen ich reinlasse und wen nicht.

Vorbei die Zeit, als eine Batterie von Schuhen sie abends vor der Tür erwartete, weil die Freunde ihres Sohnes da waren.

Vielleicht werde ich ja doch alt, dachte sie, wenn sie sich zufrieden mit einem Buch in ihren Sessel setzte.

Seit zwei Jahren war sie berentet und immer häufiger blieb ihre Tür nun verschlossen. Die Arthrose in den Gelenken schmerzte, das Gehen fiel ihr schwer, das Rausgehen noch mehr. Nur manchmal traf sie auf der Treppe jemanden, meist Frau Herrmann, dann wechselten sie ein paar Worte. Frau Herrmann hatte Hautkrebs, zum Glück aber der Gutartige, und einen schwerhörigen Mann, der sie nie begleitete.

Das Verschließen ihrer Tür wurde für sie zum Ritual. Zweimal drehte sie den Schlüssel im Schloss, immer zweimal, blieb davor stehen und sah dem Pendeln der anderen Schlüssel am Bund zu, bis es aufhörte oder bis sie sie noch mal anstieß, als wäre das Pendeln ein Mantra, das sie wiederholen konnte, wiederholen musste.

Als sie zu zweit hier wohnten, hatte sie diese Marotte noch nicht. Doch Zeiten ändern sich, hatten sie verändert. Zeit war in das Pendeln geflossen, in ihr persönliches Zeitschloss.

Auch die Stille klang nun anders. Sie war lauter geworden, nicht von einem Tag auf den anderen, schleichend.

Und sie hörte viel. Die Wände im Haus ließen allerlei Geräusche durch.

Anfangs unfreiwillig, wartete sie nun aber immer öfter auf die ihr bereits bekannten Lebenszeichen der anderen. Sie bildeten den Rahmen ihres Tages, an ihnen hangelte sie sich entlang.

Sie hatte die Angewohnheit, sich ihre Hausschuhe abzustreifen, wenn sie im Sessel saß, ihrem Rentnersessel, wie sie ihn nannte. Mit einem leichten Druck gegen die Rückenlehne konnte sie ihn in zwei Stufen nach hinten verstellen. Somit fielen ihre Schuhe aus einer Höhe von etwa fünfzig Zentimetern auf den Boden. Zuerst der linke, dann hakte sie mit dem linken Fuß hinter den rechten Schuh, plopp.

Wie sich das wohl in der Wohnung unter ihr anhörte?

Solche Gedanken gingen ihr durch den Kopf, und sie stellte sich vor, wie sie bei Frau Herrmann klingelte, Entschuldigung, dürfte ich mal hören, wie laut es klingt, wenn meine Pantoffeln zu Boden fallen, würden Sie vielleicht mal nach oben gehen und das wie folgt für mich machen...?

Letzte Woche hielt ein Krankenwagen vor dem Haus. Sie wollte eigentlich nie zu denen gehören, die ständig am Fenster hingen, um ja nichts zu verpassen. Als sie das Blaulicht sah, stand sie gerade in der Küche. Neugierig lüftete sie schließlich doch die Gardine. Wurde sie jetzt etwa auch so? Vielleicht holten sie ja die Nachbarin über ihr.

Aber der Krankenwagen fuhr leer wieder ab.

Was die Leute wohl einmal über sie sagen werden, wenn man sie hier rausträgt? Vielleicht dass sie ein bisschen sonderbar war oder dass man sie ja kaum kannte, zurückgezogen, seltsame Frau.

Nur Frau Herrmann würde vielleicht sagen:

Zu mir war sie immer sehr freundlich.

Und der junge Mann von unten? Der würde dann sicher schon lange woanders wohnen.

Die Geräusche der anderen Mieter wurden ihre Zeitmessung.

Morgens kurz nach sechs die ersten Schritte auf der Treppe, die direkt neben ihrem Schlafzimmer lag. Eine Frau ging zur Arbeit, die Absätze ihrer Schuhe schlugen hart auf, klick, klack, klick.

Nur wenige Minuten später hörte sie wie jeden Morgen einen kurzen Knall aus dem Schlafzimmer unter ihr. Die Jalousie war

Frau Herrmann aus der Hand gerutscht, sie schaffte das Hochziehen mit ihren arthritischen Fingern nie beim ersten Mal. Das Fenster wurde geöffnet, sie waren Frühaufsteher.

Sie hörte die Brotmaschine von nebenan, ein Hundekläffen etwas entfernter, die Nachrichten aus dem viel zu laut gestellten Fernseher unter ihr, ein Telefonklingeln, ein Lachen, das sie ausschloss.

In ihrer Küche jaulte die Isolierkanne, ein nerviger Ton, wahrscheinlich saß der Deckel wieder einmal nicht richtig drauf. Jeden Morgen kochte sie sich eine Kanne Kamillentee für den Tag.

„Möchtest du noch Kaffee", hörte sie Frau Herrmann ihren Mann anbrüllen.

Sie begann, sich Bilder zu den Geräuschen auszudenken im Haus, vor dem Haus. Suchte nach Metaphern, um genau zu beschreiben, wie etwas klang.

Wenn die Postfrau kam, ihr Rad vor dem Eingang abstellte, mit dem Fuß den Fahrradständer ausklappte - das klang zum Beispiel wie ein knallendes Pfeifen, kurz, kräftig, als würde ein Reifen platzen, pfff.

Sie schrieb ein Buch ohne Wörter, ein Geräuschebuch.

Das Telefon unter ihr klingelte hartnäckig. Anscheinend war Frau Herrmann nicht da und ihr Mann konnte oder wollte nichts hören, ein Hörgerät lehnte er ab. Der Anrufer schien nicht zu merken, dass keiner zu Hause war, er hatte Ausdauer.

Aber ich bin zu Hause!

Wenn sie abends das Aufschließen des Nachbarn von gegenüber hörte, so nahe, als wäre es an ihrer Tür, dachte sie, nun sind wir wieder vollzählig.

Auch ohne Uhr wusste sie exakt, wie spät es war. Sie hörte die Eingangsmelodie der Berliner Abendschau vom Fernseher unter ihr, danach die Tagesschau und oftmals sahen die Herrmanns und sie anschließend auch denselben Film. Sie probierte das jeden Abend aus, stellte den eigenen Apparat tonlos und lauschte kurz, ob das Gesprochene von unten her synchronisiert wurde.

Später, wenn sie schlaflos dalag, hörte sie von unten das Quietschen der Bettfedern, wenn Herr Herrmann sich schwerfällig drehte. Sie wollte schon lange ein neues Bett kaufen, hatte sie ihr verraten, doch der Alte verweigerte es ihr.

Ob die anderen sie auch so hören?

Sie muss schlafen.

Seit sie selbst so sehr auf die Geräusche achtete, bemühte sie sich, leiser zu werden, noch stiller zu leben; mitunter ging sie sogar auf Zehenspitzen durch die Wohnung, weil sie nicht so trampeln wollte wie die Frau über ihr, die auch allein lebte, aber stets nur mit den Hacken aufzutreten schien.

Sie kam aus Bosnien und war laut. Immer, wenn sie oben telefonierte, spätabends meist, manchmal auch tagsüber, schallten die harten Laute der fremden Sprache im rasanten Tempo und fielen in ihre Stille ein.

Hatte die denn überhaupt keine Möbel, dass das so hallte?

Und ständig war Besuch da, dann überschlugen sich die Stimmen förmlich und sie würde am liebsten gegen die Heizung klopfen.

Doch sie blieb still.

Einmal hatte die Bosnierin bei ihr geklingelt, stand plötzlich vor ihrer Tür: „Nonstop Radio, nonstop!" Dabei zeigte sie auf ihren Kopf und dann fing sie auch noch an zu weinen.

„Es tut mir leid, aber ich habe gar kein Radio an", konnte sie nur immer wiederholen. Ja, es tat ihr leid, aber wer fragte nach ihren Kopfschmerzen, wenn die anderen sie störten?

Bei ihr ist es immer leise!

Denn auch ihre neuen Mitbewohner waren still. Ihr Sohn hatte ihr ein Aquarium geschenkt und eingerichtet. Nachdem ein

Goldfisch gestorben war, kaufte er ihr einen dicken, schillernden Schleierschwanz. Der überlebt uns noch alle, scherzte er.

Ein halbes Jahr später verunglückte ihr Sohn tödlich mit seinem Motorrad. An diesem Tag starb auch etwas in ihr.

Jetzt hatte sie nur noch Panzer. Majestätisch schwamm er durch das Becken, als würde er nicht nur über die vier Goldfische wachen, sondern ein bisschen auch über sie. Sie hatte ihn Panzer genannt, weil sie wollte, dass er unzerstörbar war. Manchmal redete sie auch mit ihm und wenn sein kleines Fischmaul sich öffnete, bildete sie sich ein, dass er antwortete.

Je stiller es in ihrem Leben wurde, um so lauter empfand sie die Geräusche, die durch die dünnen Wände zu ihr drangen.

Sie war müde, die Schmerzen begleiteten sie durch die Tage. Sie ging nur noch selten aus dem Haus, ab und an zum Arzt, wenn sie neue Medikamente brauchte, zum Einkaufen einmal die Woche.

Die Welt dort draußen war laut, Autobremsen quietschten, Menschen stritten und schrien sich an, eine Flasche zersprang, am Imbiss lärmten Angetrunkene, ein paar Straßen weiter eine Polizeisirene und ständig dröhnte einer dieser gelben Hubschrauber über ihrem Kopf.

Passierten denn so viele Unfälle?

Sie zog die Schultern hoch, wollte nur schnell zurück in die Welt ihrer gewohnten Geräusche, wollte zusehen, wie sich die Schlüssel am Bund auspendelten, um sie dann erneut anzustoßen.

An der nächsten Straßenecke hatte sie einen Stand entdeckt: Frische Erdbeeren, eigene Ernte. Der Preis für das Kilo war noch horrend, aber sie kaufte trotzdem eines. Erst auf dem Heimweg fiel ihr ein, dass sie ja auch nur ein Pfund hätte nehmen können.

Der kleine Korb stand nun auf ihrem Küchentisch, sie würde die Beeren später waschen und zuckern. Noch ein letztes Mal wollte sie sich etwas gönnen.

Neben dem Korb lagen die Tabletten.

Sie hatte in den letzten Wochen Schubfächer und Schränke leer geräumt und ausgewischt. Hatte Papierkram und Belege zerrissen und nach und nach alles, immer in kleinen Mengen, zum Müll weggebracht. Manchmal las sie sich fest, fand Absagen auf uralte Bewerbungsschreiben, Fotos, sogar ein paar Briefe, die sie an ihre große Liebe Paul geschrieben, aber nie abgeschickt hatte. Alles hat seine Zeit. Die alten Blusen und Röcke, die noch in Ordnung waren, trug sie zur Altkleidertonne. Sie ging stets nur in der Mittagszeit raus, sie wollte nicht gesehen werden.

Den Fischen würde sie heute Abend etwas mehr geben, damit sie eine Weile aushielten, falls sie morgen nicht mehr dazu käme, sie zu füttern.

Der Duft der Erdbeeren verteilte sich sanft in der Küche. Sie goss sich ein Glas Wasser ein und musste an ihre Großmutter denken.

Du trinkst viel zu wenig, hatte sie damals zu ihr gesagt. Immer nur winzige Schlucke, auch nachts. Wenn sie nicht schlafen konnte, stand sie auf, ging in die Küche, trank einen winzigen Schluck Wasser und legte sich wieder hin. Sie hatte sich das auch angewöhnt.

Das Wasser rieselte gemächlich die Kehle runter, sie hatte Zeit. Ein Schluck, eine Tablette, sie hatte noch nie Probleme damit gehabt, Medikamente auf diese Weise einzunehmen. Ihre Mutter hatte sich immer gequält, musste die Tablette teilen oder sogar vierteln, ihr aber reichte dieser kleine Schluck Wasser.

Die Tabletten hatte der Hausarzt verschrieben, damit sie besser einschlafen konnte. Wenn sie zwei davon nahm, wurde sie wunderbar müde, und sie wollte gern noch ein bisschen müder werden, noch ein kleines bisschen.

Sie ließ Wasser ins Spülbecken laufen, gab die Erdbeeren hinein und wusch sie einige Male. Dann begann sie, die kleinen Blätter und Stiele zu entfernen. Die gläserne Schüssel füllte sich mit den gesäuberten Früchten.

Ich muss den Schlüssel noch abziehen, dachte sie.

Sie wollte es gerade erledigen, als es klingelte. Sie zuckte nicht einmal zusammen, die Tabletten wirkten bereits. Es schien nicht mehr ihre Hand zu sein, die die Tür aufschloss.

Ja?

Hallo.

Der junge Mann von unten stand vor ihr.

Darf ich Sie um etwas bitten? Ich muss für zwei, drei Wochen verreisen und wollte Sie fragen, ob Sie vielleicht meine Post rausnehmen und nach meinen Fischen sehen könnten.

Aha.

Ja, und es reicht, wenn Sie sie alle zwei Tage füttern. Würden Sie das für mich tun? Ich kenne sonst niemanden im Haus.

Sie versuchte nachzudenken. Eigentlich müsste sie nein sagen, denn sie hatte doch einen Plan, andererseits fiel es ihr schwer, dem netten Mann abzusagen, weil sie noch nie gut nein sagen konnte und weil sie ihm gerne helfen wollte. Wie ein Schuljunge sah er aus, fand sie, wie er so vor ihr stand, als müsste er irgendeine Dummheit beichten.

Na gut, hörte sie sich sagen. Und:

Ich habe auch Fische.

Danke, ich bin Ihnen sehr dankbar. Ich stelle Ihnen alles hin, und von dem Futter nur wenig, aber das wissen Sie ja, wenn Sie auch Fische haben.

Ich gebe Ihnen wahrscheinlich immer viel zu viel, fügte sie hinzu und hängte gleich den nächsten Satz an, staunend, wo der herkam:

„Möchten Sie vielleicht ein paar Erdbeeren, ich habe genug.

Mehr als genug wollte sie eigentlich sagen, aber die letzten Worte klebten irgendwie zusammen, womöglich lallte sie schon?

Was der junge Mann wohl von ihr dachte? Aber der nickte und lächelte sie an:

Gern.

Sie schlurfte in die Küche, füllte von der Glasschale etwas in eine Tasse.

Die sind aber noch nicht gesüßt, ich habe sie eben erst gewaschen.

Da hatte sie sich ja was eingebrockt. Gut, sie hatte ein paar Erdbeeren abgeben können, somit würden wahrscheinlich keine vergammeln, weil sie sie nicht mehr essen konnte, aber nun hatte sie den Schlüssel zu der Junggesellenwohnung, man erwartete etwas von ihr.

Sie fasste sich an die pochenden Schläfen. Wie viele Tabletten hatte sie schon genommen? Würde sie es morgen überhaupt bis in seine Wohnung schaffen, oder übermorgen? Alle zwei Tage würde es reichen, also wenn er heute hier war, dann übermorgen oder überübermorgen? Hatte er ihr überhaupt gesagt, wann er abreiste?

Sie sah dem jungen Mann nach und fühlte den fremden Schlüssel in ihrer Hand.

Sie schloss die Tür. Das Pendel blieb unberührt.

Erschöpft setzte sie sich in der Küche auf einen Stuhl und versuchte, die Gedanken zu ordnen. Dann ging sie zur Spüle, ließ das Wasser laufen, bis es kalt war, hielt die Hände darunter, spritzte es sich ins Gesicht.

Schließlich machte sie sich daran, die restlichen Erdbeeren zu säubern.

Die Tabletten legte sie vorerst ins Schubfach zurück.

Und über ihr dröhnten die Schritte der Bosnierin.

WERNER IM SCHNEE

„Finger weg vom Lachsbrötchen! Wir warten noch!"

„Aber wo bleibt er denn? Wir müssen doch bald wieder zurück in die Klasse!"

Die Sekretärin Frau Schneider betrat das Lehrerzimmer. „Herr Kaschke hat eben angerufen. Er sagt, er fühle sich nicht wohl."

Ratlos standen die Kollegen da. Er war doch noch nie krank gewesen. Und das heute an seinem Jubiläum?

Werner war an diesem Morgen aufgestanden wie immer. Er dachte nicht daran, dass es ein besonderer Tag war. Er hatte seine braune, abgenutzte Ledertasche gepackt, die korrigierten Arbeiten, Bücher, seine Brotdose, einen Apfel. Wie immer.

Es war kalt geworden. Der Winter hatte Berlins Straßen mit einem schmutzigen Weiß überzogen. Im Park gegenüber bewarfen sich Kinder kreischend mit Schneebällen.

Werner fand sich auf einer Bank in diesem Park wieder. Er wusste nicht, wie er dorthin gekommen war. Er hatte in der Schule angerufen und war aus dem Haus gegangen.

Neben ihm saß eine hagere, kleine Frau mit zerknittertem Gesicht und streute Brotkrümel, klein geschnittene Vogelschätze, die sie aus einer durchsichtigen Tüte holte.

„Sie sehen traurig aus, junger Mann", sagte sie zu Werner. „Sie sehen immer traurig aus. Ich kenne Sie, wir wohnen im selben Haus."

Werner sah die Frau erstaunt an, sie war ihm noch nie aufgefallen. „Und immer, wenn ich Sie sehe, wirken Sie so abwesend", sprach die Alte weiter.

„Ich habe heute Jubiläum", sagte Werner, ohne auf ihre Worte einzugehen.

Er hatte sich daran erinnert, aber es löste keinerlei Gefühl in ihm aus.

„Darf ich auch mal?"

Er griff in die Tüte, die noch gut gefüllt auf ihrem Schoß lag, und redete weiter. In kleinen spitzen Brocken wagten sich die Sätze aus seinem Mund, als wäre er es nicht mehr gewohnt, etwas über sich zu erzählen.

„Ich werde nächste Woche fünfzig. Eigentlich komme ich ja aus Hamburg, arbeite aber seit zwanzig Jahren hier am Gymnasium." Er hielt inne, als wollte er dem Gewicht der Jahre auf seiner Zunge nachspüren. „Ich bin Lehrer. Immer am gleichen Gymnasium."

„Fehlt Ihnen Hamburg?"

„Na ja." Er machte eine längere Pause und fischte sich weitere Brotkrumen aus der Tüte. „Ich habe jetzt ein Aquarium."

„Keine Freundin? Sie sind doch noch so jung!"

Werner legte den Kopf schief, zwei Falten gruben sich über seiner Nase ein. „Es gab mal eine Frau, aber das ist lange her. Ich habe jetzt meine Fische und meine Bücher."

Und plötzlich huschte ein kleines Licht über sein Gesicht und seine Augen begannen zu strahlen. „Das sind seltene Werke der Naturwissenschaft, wissen Sie." Nun begannen auch seine Hände zu sprechen. „Ich habe ein sehr gutes Antiquariat gefunden, dort hebt man mir manchmal was auf. Ich bin immer auf der Suche nach Raritäten, wissen Sie. Ja, daran habe ich Freude."

Die Frau erhob sich, schüttelte die letzten Krümel aus der Tüte. „Dann feiern Sie man noch schön!"

Werner blieb sitzen, schlug den Mantelkragen höher und vergrub die Hände in den Taschen. Sollte auch er gehen?

Da traf ihn ein Schneeball. Vor ihm stand ein kleiner Junge mit roten Wangen und laufender Nase. „Willst du mitspielen?"

Als Werner auch in der nächsten Pause nicht in der Schule aufgetaucht war, aß man die Lachs- und Käsebrötchen.

„Ich habe jetzt eine Freistunde, vielleicht fahre ich mal zu ihm?" meinte der junge Biologielehrer.

Unschlüssig stand er dann vor dem Haus, in dem Werner wohnte. Auf sein Klingeln hatte niemand geantwortet. Er sah zu dem erleuchteten Fenster hoch. Es wird ihm doch wohl nichts passiert sein?

„Wollen Sie zu dem Lehrer?"

Die alte Frau war gerade dabei, die Haustür aufzuschließen.

Überrascht nickte der junge Mann.

„Der ist drüben im Park, bei den Kindern."

Er rief der Frau ein kurzes „Danke" zu und war schon auf dem Weg.

„Lassen Sie ihn man noch da", rief sie ihm nach, „ich glaube, dem geht es gerade richtig gut."

„Und was ist mit ihm", bestürmten die Kollegen den jungen Lehrer in der nächsten Pause.

Der aber zuckte nur mit den Schultern und sagte: „Er ist im Park und spielt mit Kindern im Schnee."

FUNDBÜRO DER TRÄUME

Ich war ein Jahr älter geworden, wieder einmal. Nichts Besonderes also, und doch fühlte ich mich diesmal seltsam verloren in der Stimmung kurz vor dem Jahresende. Ich spürte einen Verlust, den ich nicht benennen konnte. Etwas war mir abhanden gekommen. Wünsche? Träume? Ideale? Sollte ich nach ihnen suchen? Wollte ich so leben, wie ich lebte?

In der letzten Nacht trug sich folgende Geschichte zu.

Ich stehe vor einer dicken Eisentür und mein zaghaftes Klopfen klingt wie ein Flüstern, das der Sturm mit sich reißt.

Ich warte. Nichts passiert. Ich versuche es erneut, nehme schließlich die Faust, als endlich eine kleine Luke aufgeschoben wird und mich zwei kalte Augen hinter Brillengläsern anblitzen. Aus einem Mund, den ich noch nicht sehen kann, knurrt es:

Ja?

Ich bitte höflich um Einlass.

Als ein sehr alter und winziger Mann mir öffnet, dringt mir unmittelbar ein unangenehmer Geruch in die Nase – hier schien seit Jahren keine frische Luft mehr reingekommen zu sein, es roch feucht und doch auch wieder staubig.

Das also war es – das Fundbüro der Träume.

Der Alte schlurft bucklig vor mir her und nimmt hinter einem klapprigen Tisch Platz, der ihn wohl vor den Besuchern abgrenzen sollte, sofern es die hier überhaupt gab.

Verstohlen mustere ich ihn. Er hat einen kahlen Schädel, den er mir entgegenhält, als er anfängt, in einem dicken Ordner zu blättern. Ich scheine Luft für ihn zu sein. Und obwohl ich vor ihm stehe und auf ihn hinunterblicke, fühle ich mich plötzlich sehr klein.

Seit wann vermissen Sie Ihren Traum? Brubbelt der Greis, ohne mich anzusehen in seine Akten.

Ich räuspere mich.

...weiß nicht genau...

... schon einige Zeit...

... lange.

Und warum kommen Sie erst jetzt?

Der Alte hebt den Kopf und ich stelle erstaunt fest, dass ein Grinsen in seinem Gesicht hängt, das im ersten Moment gar nicht zu seinen Augen passt.

Doch sein Grinsen ist nicht freundlich, sondern voller Häme und sein Mund scheint mich angreifen zu wollen.

Unwillkürlich weiche ich ein paar Schritte zurück, knalle mit dem Rücken gegen die Eisentür und würde am liebsten fortlaufen. Aber seine Augen halten mich fest.

Ich wage kaum, mich zu rühren.

Warum musste ich auch herkommen? Warum war mir plötzlich eingefallen, nach meinem verlorenen Traum zu suchen? Warum ließ ich nicht einfach alles so wie es war? Es ging doch bisher gut, keinem war aufgefallen, dass er mir abhanden gekommen war. Es wusste ja auch niemand von ihm. Nur ich.

Und ich hatte doch all die Jahre auch ohne ihn nicht schlecht gelebt. Habe mich beruhigt, auf später vertröstet.

Selbst belogen. Darin hatte ich schließlich Übung.

Ja denken Sie denn, wir heben Ihren blöden Traum hier ewig auf?

Seine plötzlich sehr schrille Stimme reißt mich aus meinen Gedanken.

Hier kommt stündlich neue Ware rein, das alte Zeug muss raus, das interessiert ohnehin keinen mehr, hier ist sozusagen die Endstation.

Das Wort Endstation spuckt er regelrecht aus.

Dabei schwenkt er seine Arme wie wild und zeigt auf die Regale, in denen unzählige Mengen von Kisten und Kästen unterschiedlichster Größe stehen.

Er gestikuliert so stark, dass er seine Brille dabei von der Nase reißt und für einen Moment glaube ich, den Menschen hinter der Fassade zu sehen. Die kalten Augen wirken klein und fast ein wenig traurig.

Vielleicht hatte auch der Mann einmal einen Traum gehabt...

Vielleicht lebte er hier mit ihm, weil er den Weg zurück in die Wirklichkeit nicht mehr fand?

Alter? Fragt er mich.

Ihr Alter? Kläfft er mich an, als ich nicht gleich antworte.

Vierzig. Sage ich und strecke mich dabei ein bisschen.

Der Alte klatscht in die Hände und ein schallendes Lachen bricht über mich herein. Er kann sich kaum beruhigen und Tränen rollen über seine schrumpligen Wangen.

Er nimmt die Brille ab - aber der Mensch hinter der Fassade bleibt verschwunden.

Vierzig. Wiederholt er, noch immer nach Luft ringend. Und Sie meinen, dass es jetzt noch Sinn macht, nach einem Traum zu suchen?

Und jedes Wort einzeln betonend, sagt er: Das lohnt doch nicht mehr!

Dabei beugt er sich weit über seinen Tisch.

Ich schlucke. Welche Frechheit nimmt er sich raus! Lohnt nicht mehr... Vierzig ist doch noch kein Alter!

Ich suche nach Argumenten, aber die Worte, die mir einfallen, scheinen mir so verlogen, dass ich sie nicht ausspreche. Denn nicht nur einmal hatte ich selbst diesen Satz als Ausrede benutzt, das lohnt doch nicht mehr.

Er rückt seine Brille zurecht und brummt. Wie war er denn, Ihr Traum? Groß? Klein? Schillernd? Aufregend? Leicht oder schwer?

Dabei hebt er abwechselnd eine Hand, als würde er Bälle in die Luft werfen.

Er wird langsam ungeduldig.

Ja wie war er? Zu groß sicherlich, sonst hätte ich ihn schon längst verwirklicht oder vielleicht doch eher zu leicht, weil ich ihn nur so verlieren konnte?

War es wirklich nur ein Traum oder womöglich viele kleine?

Ich würde mich gern selbst ein bisschen umsehen, vielleicht entdecke ich ihn ja.

Fragte ich zaghaft und drücke mir mühsam ein Lächeln heraus.

Das bezweifle ich. Meinte er.

Hmmm... Normalerweise ist das nicht erlaubt – er fährt sich mit der Hand über das Kinn, aber heute habe ich nicht soviel zu tun... Ich will eine Ausnahme machen.

Der Alte geriet ins Erzählen:

Wenn die Urlaubszeit erst vorbei ist und alle aus ihren Ferien in den Alltag zurückkehren, herrscht hier Hochkonjunktur! Im Urlaub gehen die meisten Träume verloren, wussten Sie das?

Er dreht sich um, aber ich bin schon zwischen den Regalen verschwunden, puste dort ein wenig Staub von einem Kasten, hebe hier einen Deckel an, um hineinzusehen.

Was die Menschen doch so alles verlieren!

Das Fundbüro ist in verschiedene Bereiche unterteilt, die Regale sorgfältig beschriftet, wenn auch an manchen Lettern der Zahn der Zeit bereits geknabbert hat.

Für die Liebe hatte man sogar mehrere Regale aufgestellt, aber alle waren restlos überfüllt.

Vollgestopft waren auch Geld und Karriere; bei der Schönheit gab es ebenfalls nur noch wenig Platz.

Ich sehe mir alles staunend an, der Raum scheint nach hinten zu kein Ende zu nehmen, ich komme mir vor wie in einem Labyrinth. Um mich herum nur Regale, aber wo soll ich hier meinen Traum finden, in welcher Kategorie soll ich ihn suchen?

Ich öffne eine Kiste mit der Aufschrift „Leben" und Hunderte von grauen Federn fliegen mir ins Gesicht. Ich weiche zurück und muss niesen.

In dem Moment, wo sie ihren dunklen Aufenthaltsort verlassen und sich in die Luft erheben, ist ihr Grau verschwunden und sie schillern in den schönsten Farben. So, als wären sie wieder zum Leben erweckt.

Ich huste und plötzlich bekomme ich keine Luft mehr.

Ich muss hier raus, denke ich, hier ist mein Traum nicht. Unmöglich, dass er sich an einen solch hässlichen Platz verirrt!

Mein Traum passt in keine Kiste!

Ich haste zurück, stoße mich an kantigen Regalbrettern, stolpere einige Male, laufe grußlos am Alten vorbei und öffne mit einer solchen Kraft die schwere Tür, als wäre sie aus Zuckerwatte.

Als ich endlich ins Freie trete, schwebt eine Feder an meinem Kopf vorbei, berührt ganz kurz mein rechtes Ohr und landet auf meiner Handfläche. Sie musste aus der Lebenskiste gekommen sein und sah einfach wunderschön aus.

Sie bleibt auf meiner Haut liegen und –

Plötzlich kribbelt es in meiner Hand, das Kribbeln zieht sich weiter, die Arme hoch, durch den ganzen Körper.

Für Sekunden nur, aber ich fühle mich mit einemmal jung und so leicht.

Bist du etwa mein Traum? Will ich sie fragen, als die Tür ins Schloss fällt und der Luftzug die Feder hochhebt.

Ich versuche, sie wieder einzufangen, laufe und springe und merke nicht, dass ich mich stetig weiter vom Fundbüro entferne.

Die Feder ist verschwunden und ich sehe mich staunend um. Ich befinde mich in einem Wald und der Duft der Kiefern steigt mir in die Nase.

Träume ich das etwa alles nur?

Vor mir kreuzen sich Wege und ich kann mich erst nicht entscheiden, welchen ich einschlagen soll. Sollte ich vielleicht zurücklaufen? Nein das auf gar keinen Fall!

In diesem Augenblick ahnte ich, wie ich meinen Traum finden konnte:

Ich musste laufen, neue Wege gehen, durfte weder stehen bleiben, noch zurückweichen.

Und so entscheide ich mich für einen Weg, laufe weiter, bis ich auf eine Lichtung stoße.

Die Sonne scheint mir so unvermittelt ins Gesicht, dass ich blinzeln muss. Ich lege eine Hand schützend über meine Augen...

...Weil das Rollos an meinem Schlafzimmerfenster klemmt, scheint mir die Morgensonne direkt ins Gesicht.

Meine Augen beginnen zu tränen und ich schließe sie wieder. Es dauert einige Zeit, ehe ich mich zurechtfinde, immer noch bin ich in meinem Traum gefangen.

Langsam, mit halb geschlossenen Augen, erhebe ich mich und gehe ins Bad.

Als ich mir gähnend durch die Haare fahre, fällt eine Feder auf den Boden.

Sie schillert bunt und sieht wunderschön aus.

Ihr Duft

Auf unsere Hauswand hat der Vermieter einen dicken Regenbogen malen lassen.

Ich wohne hinter dem gelben Streifen, dort im neunten Stock.

Wo das Rot beginnt, ist vor zwei Tagen ein Mädchen eingezogen. Sonst kenne ich hier nicht wirklich jemanden. Und die ist auch bloß eine Zicke, habe sie im Fahrstuhl neulich nur ein bisschen gekitzelt, aber die wurde gleich so hysterisch, ich solle das lassen.

Da habe ich angefangen zu schwitzen. Immer, wenn ich mich aufrege, fange ich an zu schwitzen. Das habe ich von meinem Vater, sagt meine Mutter oft, wobei sie das Wort Vater ganz lang zieht und betont, als wäre er was Besonderes. Dabei erzählt sie mir nie was von ihm.

„In diesem Hause wird er nicht mehr erwähnt, hast du verstanden?"

Und doch sagt sie immer wieder: „Wie dein Vater, genauso!"

Ich will ihr nicht auch noch Ärger machen. Bisher kamen wir zwei auch ganz gut klar. Jedenfalls bis zum letzten Sommer. Da hat sie sich irgendwie verändert, war nur noch mit so einem Typen zusammen, Klaus hieß der. Sie trafen sich immer in seiner Kneipe.

„Er braucht das halt, aber sonst ist er total in Ordnung, wirst schon sehen."

Gesehen habe ich Klaus dann aber doch nie und meine Mutter auch immer seltener.

Eines Morgens hatte ich verpennt. Als ich zum Klo schlurfte, hörte ich sie im Wohnzimmer schnarchen. Ich fand sie in ihren Straßenklamotten auf dem Sofa, ein Arm hing schlaff herab und ihre Finger lagen in einer stinkenden Lache Kotze.

Aus ihrem Mund lief Speichel, und sie sah so unendlich alt und hässlich aus. Ich wollte sie nicht anfassen, brüllte, sie solle aufstehen, rannte in mein Zimmer, zog mich an und lief aus der Wohnung.

Wenn Mutter die Arbeit schwänzte, brauchte ich ja auch nicht in die Schule.

Manchmal ging ich aber hin. „Sollst es doch mal besser haben als ich", sagte Mutter, wenn sie gut drauf war. Letzte Woche zum Beispiel, da hatte sie Kuchen gekauft, für jeden ein Stück. Und sie setzte sich zu mir an den Küchentisch.

Das hätte richtig schön werden können, aber dann klingelte das Telefon, und Mutter wurde ganz hektisch und bekam so einen glasigen Blick.

Sie schob mich aus der Küche. „Du musst verschwinden, Bernd kommt gleich."

Wer zum Teufel war Bernd, und warum sollte ich verschwinden?

„Geh 'n bisschen vors Haus!"

Glaubte sie etwa, ich wäre noch ein Baby und wüsste nicht, was sie treibt?

Alle wussten es, na ja, zumindest einige, und manchmal quatschten sie mich doof an: „Na, hat deine Alte wieder 'nen Kerl oben?"

Sollen sie doch, mich interessierte das alles nicht wirklich, ich würde so was eh nie machen und mit Mädchen hatte ich ohnehin nichts am Hut, die machen doch bloß Stress. Mit denen in meiner Klasse konnte ich überhaupt nichts anfangen, außerdem machten die immer Witze, weil ich jünger aussehe, als ich eigentlich bin. Darum rasiere ich mich auch neuerdings, soll den Bartwuchs fördern, hat mir ein Kumpel gesagt.

Nicht wirklich so ein richtiger Kumpel. Er sah mich ein paar Mal vor dem Haus und fragte mich, was ich so mache und mal werden wolle. Habe schon gedacht, der wäre Lehrer. Ist er aber nicht.

Was ich will? Früher wollte ich mal was mit Tieren machen. Ich habe Mutter so lange bequatscht, bis sie mir eine Katze kaufte. Doch irgendwann hatte ich keine Lust mehr auf die Katze, und der eine Typ von Mama bekam immer so ein Keuchen in der Lunge wegen dem Viech.

Ich glaube, da fing das mit dem Schwitzen an. So eine Unruhe, die in mir hoch kommt und dann muss ich was machen, irgendwo draufhauen oder so. Oder jemanden ärgern. Habe ich dann mit der Katze gemacht.

„Wie dein Vater!"

Ich kann das nicht mehr hören.

Letztens habe ich ihr eine geknallt, als sie das wieder zu mir gesagt hat. Sofort hatte ich zwei zurück. Peng, peng.

Für sie war die Sache damit erledigt. Dachte ich zumindest, doch dann hat sie es Giovanni erzählt, ihrem Neuen, so ein Spaghetti-Heini mit zu viel Gel im Haar. Und der grinste nur und meinte, „Na, dann wollen wir dem Bürschchen doch mal zeigen, wer hier das Sagen hat."

Diesmal schickte sie mich nicht runter. Der Gel-Heini starrte mich die ganze Zeit lang an, und Mutter stöhnte so entsetzlich laut und wurde ganz rot im Gesicht, und ich konnte mir doch nicht die Ohren zuhalten, weil sie mir die Hände festgebunden hatten. Da musste ich an den Sabber denken, der ihr aus dem Mund gelaufen war und an den Fleck vor der Couch, und ich schrie sie an, sie solle aufhören, und dann endlich banden sie mich los vom Stuhl und ich rannte ins Bad und übergab mich.

Spät am Abend, ich hatte mich nicht mehr aus meinem Zimmer getraut, kam sie zu mir. Ich stellte mich schlafend. Sie strich mir über das Haar und legte mir meinen uralten Teddy in den Arm. Manchmal war sie eben doch so. Wie eine richtige Mutter.

In dieser Nacht träumte ich, dass wir im Zoo waren. Als ich klein war, waren wir einmal dort und danach wollte ich Tierarzt werden oder Zoodirektor. Aber das habe ich mir schon längst versaut, habe eine Ehrenrunde gedreht in der Siebenten und keine Ahnung, ob ich die Achte noch schaffe. Wozu auch?

Lieber hänge ich hier ab, sitze einfach nur da, beobachte die Leute, die vorbeikommen und denke mir so Geschichten aus.

Ein Lehrer hat mal gesagt, ich hätte viel Fantasie, nur meine Rechtschreibung sei katastrophal, aber da könne man ja was machen.

Der war aber nur zur Vertretung bei uns.

Vor 'ner Woche hatte mich der Kumpel gefragt, ob ich Lust hätte, ein Video bei ihm zu gucken. Warum nicht. Er wohnt im Zehnten. Er gab mir ein Bier und legte einen Porno ein. Mann, da ging es richtig ab, die Frauen waren nicht so zimperlich wie die Kleene neulich im Fahrstuhl. Eines Tages würde ich auch solche richtigen Frauen finden.

Vielleicht würde ich sogar mal selbst in so einem Film mitspielen. Das sagte ich ihm. Daraufhin gab er mir ein zweites Bier, von dem ich Schluckauf bekam. Dann musterte er mich langsam von oben bis unten. „Dreh dich mal! Hast 'nen schönen Arsch. Warte mal, ich habe da noch 'nen anderen Film."

In dem waren aber nur Männer zu sehen, das fand ich eklig. Und dann fing der Kumpel auch noch an, mir auf die Pelle zu rücken, da bin ich abgehauen.

Ist eben nicht einfach, Freunde zu finden. Nicht mal in so einem Regenbogenhaus.

Eines Tages kam ich nach der Schule nach Hause und im Fahrstuhl passierte es dann. So musste es sich anfühlen, wenn man sich verliebt.

Die Frau war zwar nicht mehr da, aber dafür ihr Duft. So etwas hatte ich noch nie erlebt! Mein Herz schlug wild, ich atmete den ganzen Fahrstuhl leer, sog die Nase voll, bis tief in die Lungen. Vor unserer Wohnungstür blieb ich kurz stehen, weil ich wusste, welcher Gestank mich dahinter erwarten würde. Schnell huschte ich mit meinen Duftlungen ins Zimmer und warf mich aufs Bett. Dort blieb ich bis zum Abend liegen und grübelte.

Das kann doch nur jemand gewesen sein, der zu Besuch kam. Wer so duftete, konnte unmöglich hier wohnen.

Von dem Tag an hatte ich nur noch ein Ziel, ich musste herausfinden, wer die Frau war. Jeden Morgen und Abend rasierte ich mich und beäugte argwöhnisch mein Kinn auf der Suche nach dem Bart. Von nun an achtete ich auf mein Äußeres, was nicht wirklich einfach war. Zumindest kämmte ich mir nun öfter die Haare, und wenn ich vor dem Haus abhing, passte ich auf, dass mein knackiger Hintern zu sehen war.

Ich roch sie, bevor ich sie sah, und ärgerte mich, weil ich auf der Treppe saß. Zwei rote hochhackige Schuhe blieben vor mir stehen. Langsam hob ich den Kopf, hielt eine Hand gegen die Sonne. Ich bekam keinen Ton heraus.

„Wohnst du hier?" Ich nickte.

„Ich versorge die Katze von einem Freund", sagte sie.

Ich nickte erneut.

Also konnte man hier doch Freunde haben.

Ich begann zu schwitzen. Nein, nicht jetzt, ich musste ruhig bleiben, sie war doch so schön, so unbeschreiblich, so wunderbar.

Vor ihr wollte ich nicht schwitzen!

Sie ging an mir vorbei und verschwand im Haus.

Verdammt! Vor Aufregung und weil ich so wütend auf mich selbst war, biss ich mich in den Arm. Das hatte ich irgendwann mal entdeckt. Kam gut, wenn nichts zum Gegentreten oder so in der Nähe war. Ich grub meine Zähne ins Fleisch, das tat kurz weh, und schon war ich wieder ruhig. Bloß im Sommer war das blöd, dann musste ich immer was Langärmliges anziehen, weil man sonst die blauen Stellen sah.

Mutter hatte mich mal verkloppt deswegen. „Das hast du alles von deinem Vater!"

Gestern kam die Frau wieder. Diesmal stand ich.

„Ich hatte früher auch eine Katze", sagte ich schnell.

„Du bist nett."

Wie sie duftete! Nicht schwitzen, bitte nicht schwitzen. Meine Hand tastete zur Stirn.

„Bist du nervös?"

„Nö."

Wir fuhren mit dem Fahrstuhl in den zehnten Stock. Ihr Duft hüllte mich ein; ich stand so dicht neben ihr, dass der Stoff ihrer Bluse meinen Arm berührte.

Als der Fahrstuhl hielt, steuerte sie auf eine Tür zu, hatte den Schlüssel schon in der Hand. Das konnte doch unmöglich sein!

Ich zögerte.

„Was ist?"

„Ach nichts."

Nacheinander betraten wir die Wohnung. Die Katze kam aus der Küche und strich mir um die Beine.

„Warste hier schon mal?"

„Klar war er hier schon mal!", brüllte es uns entgegen.

Der Kumpel.

„Hey, du bist schon zurück? Warum hast du nicht angerufen?"

Jetzt küsste er sie doch tatsächlich.

„Na", meinte er und schlug mir auf die Schulter. Dabei ließ er sie nicht los und riss grinsend seinen Mund auf. „Geile Braut, was?" Und er küsste sie wieder.

Nein, schrie es in mir, das durfte nicht sein!

„Ach lass, nicht vor dem Kleinen."

„Der ist vielleicht noch klein, aber hat es schon faustdick hinter den Ohren!" Er hörte nicht auf zu grinsen.

Ich spürte, wie ich rot wurde. Rot werden war fast noch schlimmer als schwitzen. Ich fuhr mit der Hand über die Stirn. Sie war feucht.

Der Kumpel klatschte in die Hände. „Wisst ihr was, ich rutsch schnell zum Kiosk runter und hol uns was zu Trinken, und dann machen wir drei Hübschen uns 'nen gemütlichen Abend!"

Mein Hemd klebte am Rücken. Wahrscheinlich wollte er dann wieder so 'nen Film einlegen, dachte ich. Mein Kopf dröhnte, ich wurde immer nervöser.

Sie ging in die Küche und goss sich ein Glas Wasser ein. Ich folgte ihr.

„Willste auch?" Sie hielt mir ihr Glas hin. Dabei strich sie mir eine feuchte Haarsträhne aus dem Gesicht, „Dir scheint warm zu sein." Wie sie lächelte! Und ihr Duft erfüllte den Raum.

Sie öffnete den Kühlschrank.

Ich sah nur ihren Hals, diese sanfte Linie und das Weiß, so hell wie Hähnchenfleisch. Meine Hand zuckte. Sie war klitschnass. Ich wischte sie an der Hose ab.

Eigentlich wollte ich ihr sagen, wie gut sie duftete und dass sie doch viel zu schade sei für den anderen und wie sehr sie mir gefiele.

Doch da wurde mir bewusst, was für ein Loser ich war, ein Nichts für sie, und dass sie sicher über mich lachen würde. Da konnte ich plötzlich nicht mehr atmen, Schweiß lief mir in die Augen, es brannte. Ich brannte.

Und plötzlich hatte ich dieses Messer in der Hand.

„Wie heißt du eigentlich?" Sie drehte sich zu mir um.

Erschrak sie, als sie mich so stehen sah? Wollte sie schreien? Oder war sie einfach nur enttäuscht von mir?

Für mich jedenfalls fühlte es sich so an, wie sich noch nie in meinem Leben etwas angefühlt hat. Als wäre ich angekommen, als würde ein Deckel passen, nach dem ich schon so lange gesucht hatte, der von oben langsam alles verschloss. Weiche Arme umfingen mich wie die einer richtigen Mutter, und ich ließ mich hineinsinken, tiefer und tiefer.

Ich hatte endlich aufgehört zu schwitzen.

WER BIN ICH

Ich bin ein Kind,
dem die Schuhe zu eng geworden sind.

Ich trage mein Herz auf der Zunge,
doch nicht jeder versteht meine Worte.

Ich verstecke mich und möchte nur manchmal,
dass man nach mir sucht.

Manchmal lebe ich hinter Mauern
aber sie sind doch nur aus Glas!

Manchmal sehe ich etwas, was du nicht siehst
und bin doch blind, wenn du mir etwas zeigen willst.

Manchmal dränge ich nach draußen,
obwohl ich doch die Abgeschiedenheit liebe.

Ich bin ruhig in der Unruhe.

Ich hasse Streit und möchte mich doch so gern streiten.

Ich möchte mich verlieren, jetzt, wo ich mich gefunden habe.

Ich bin.

ICH WÄR SO GERN

Ich wäre so gern ein Birkenblatt
am Baum vor deinem Fenster.
Ich könnt' dir in die Stube sehen
und wäre immer in deiner Näh'.

Doch im Herbst lässt der Baum mich los
und ich muss dich verlassen.

KERZENWETTER

Graue Tristesse.
Dunkelheit hat den Tag verschlungen.
Himmelstränen ziehen Spuren
auf staubigem Fensterglas.

Es ist Kerzenwetter.
Kerzen. Kuscheln. Küssen.
Deine Hände malen Sonnenstrahlen
auf meine Haut.

OHNE WORTE

das weiße blatt
vor mir
langweilt sich
es wartet auf
die worte

doch die halten erst noch
versammlung ab
in meinem kopf und
streiten sich
wer als erster loslaufen darf

amüsiert
lehne ich mich zurück
und warte
auf ihre entscheidung

Eine kleine Liebe

Für andere unsichtbar
versteckte ich sie unter der Haut –
sie gehörte mir allein.

Sie war wie ein kleiner Vogel,
den ich wärmte
in einem Nest aus Fantasie.

Ich wünschte mir, er würde wachsen
und zu dir fliegen und
fürchtete mich doch davor.

Als ich dir von ihm erzählte,
waren es zu viele Worte und
die Worte waren zu laut.

Der Vogel erhob sich
noch ehe er fliegen konnte -
zurück blieb ein kaltes Nest.

AUFBRUCH

als ich neben dir aufwache,
wirft die aufgehende sonne
schatten auf dein gesicht

die uhr ist stehengeblieben
zeit ist uns
abhanden gekommen

ich lege meine hand
auf deine stirn
wie bei einem kranken kind

du siehst mich an,
hältst mich nicht auf

und nur auf dem laken
unserer letzten nacht
schimmert eine vage erinnerung

EINFACH NUR GLÜCK

Sie sieht müde aus.
Der lange Tag sitzt in ihren Augen
und zieht ihre Mundwinkel hinab.

Sie steht am Fenster,
der Rücken schmerzt ihr
sie blickt in den Abendhimmel hinaus.

Sie löscht das Licht
weil sie ihr Spiegelbild im Fenster
nicht erträgt.

So steht sie
wie sie es jeden Abend tut
und ihre Gedanken fliegen zum Mond.

Er ist schwach heute
so unscheinbar, wie sie sich fühlt
manchmal.

Wie schön der Mond ist
sagt da ihr Sohn
und lehnt seinen Kopf an ihren.

Und so stehen sie
Schläfe an Schläfe
und der Rhythmus seines Atems

wird der ihre.

ERFRORENE LIEBE

herbst - viel zu früh und viel zu kalt
hat es den sommer überhaupt gegeben

freitag - vom alltag überrollte tage
hat es die woche überhaupt gegeben

wir sitzen uns gegenüber
gleichgültigkeit hat unsere worte geschluckt

ich möchte laufen mit dir
und nach den worten suchen

ich will sie halten
wie die tage und den sommer

aber du willst nicht
mit mir laufen

worte ermüden dich und
du frierst auch nicht im herbst

nur mir ist kalt

FREIHEIT

ein gedanke
purzelt auf das
pflaster

kriecht in die schuhe
mir
und biegt die
sohlen

dass die füße nichts mehr
wissen
und sich voller Lust
verirren

ES IST AN DER ZEIT

Der Gesang der Amsel
vor dem Haus
weckt
Erinnerungen in mir.

Ich vergrabe Bilder von ihnen
in meinen Zimmern und
Träume und
mich.

Hastig drücke ich das Fenster zu.
Die alte Frau von gegenüber
schließt ihr Fenster
nie.

Ich kann nicht loslassen.
Ich kann nicht festhalten.
Trägheit legt meinen Körper lahm
und ich verirre mich im Tag.

Das graue Haar,
das ich im Spiegel entdecke,
ist nicht mein erstes.
Vielleicht ist es ja an der Zeit

zu leben.

GEDANKEN AM MEER

morgens wäscht das meer die wunden
meiner nächtlichen träume und
ruft mir zu: lass dich auf mich ein

nimmt mich einfach in sich auf
ohne zu fragen wer ich bin,
die wellen spielen mit mir,
bis ich den halt verliere

kopf unter wasser
wer ist der stärkere

am abend kühlt das meer mein
erhitztes herz
der wind nimmt meine gedanken
mit zu den wolken
er flüstert mir ein geheimnis zu
und wir drei werden freunde

über uns treiben meine
wolkengedanken-
das gestern segelt dahin
das morgen versteckt sich
hinter dem mond –
alles scheint zeitlos

nur am strand
der sand unter
meinen füßen
das ist jetzt
hier bin ich

stark

HERBSTIMPRESSIONEN

Der Wind schlägt mir den Kragen hoch,
das Motorrad vor dem Haus trägt
nun einen wärmenden Pullover.

Die Bäume am See ziehen
lange Nasen im spiegelnden Nass,
übertrumpfen sich in ihrer Farbenpracht.

Das feuchte Gras träumt wieder
von den Bikinimädchen.
Zwei Katzen stöbern durchs Laub.

Der Wind schlägt mir den Kragen hoch,
ich lege dir eine handvoll Herbst in den Schoß
und koche uns einen heißen Tee.

Nur ein Moment

Für einen Moment nur
dachte ich,
ich könnte dich halten.
Für einen Moment nur
zeigte ich Stärke
und sah mich doch wieder

allein.

Ich habe dir mein Herz zugeworfen
in diesem Moment.
Doch deine Gedanken waren auf der Reise und
deine Augen sahen nicht hin.
Deine Seele schien ein doppelt gesichertes Tor
und deine Hände waren gefesselt.

Und mein Herz schlug auf.

Heute erst weiß ich,
dass du mich gerettet hast.
In diesem Moment.

OHNE DICH

ohne dich
brennt die erinnerung mir
narben in die haut

ohne dich
treibe ich uferfern
im fluss der tage

ohne dich
suche ich in langen nächten
nach einem sonnenstrahl

ohne dich
bin ich wieder
allein mit mir

ohne dich
finde ich vielleicht
mich

SCHRITTWECHSEL

meine schritte sind klein
gleichmäßig und bedachtsam
nur nicht auf die linie treten
rechts, links, rechts
kleine Schritte
ein kästchen für jeden fuß
mehr platz brauche ich nicht

woher plötzlich dieses gedränge um mich
nur nicht auf die linie treten
menschen schieben
ich bin ihnen im weg
sie beachten mich nicht
zurückweichen
nur nicht auf die linie treten

da nimmt mich ein kleines mädchen bei der hand
und springt mit mir quer durch die menge
ich hüpfe den menschen vor die füße
rechts, links, links
sie bleiben stehen und
zeigen mit dem finger auf mich

ich achte nicht mehr auf die linien

UN(MISSVERSTÄNDLICH)

einatmen – ausatmen – nicht mehr atmen
bitte entnehmen sie den becher
achten sie auf diskretion
bitte halten sie abstand
zahlen sie nur passend
hier nicht mehr anstellen
bitte warten

atmen sie in den becher
zahlen sie passend für die diskretion
hier nicht mehr ausatmen
warten sie bitte auf das einatmen
atmen sie beim einzahlen aus
warten sie auf die diskretion
entnehmen sie den becher und atmen sie nicht mehr

(wir danken für ihr verständnis)

WARUM

seit du fort bist
treibe ich wie ein schiff ohne hafen
ziellos umher

ungesagte worte werden
zu tränen in meinem bauch

erinnerungen schlüpfen durch die finger
meiner geschlossenen faust

leidest auch gut
weißt du um meinen schmerz
ahnst du ihn

ich ritze mir wunden in die haut
jede narbe soll mich an dich erinnern

warum
so lächerlich ist diese frage ohne antwort

ich stoße sie von ihrem thron
trete mit füßen nach ihr
doch sie spuckt mir wieder und wieder das
eine wort ins gesicht

warum...
...habe ich nie gesagt ich brauche dich

HERBST

Licht kommt jetzt völlig neu in Form.

Sonne verschärft die Schnittführung der Gesichter
unter dem Hut.

Auf der Wiese spielt ein Geiger
für die Zugvögel.

Der Wind näht kleine graue Hosen
aus der Melodie.

Die Rose hatte in den letzten Nächten
eine verhängnisvolle Affäre mit
knackfrischen Minusgraden.

Im Park entdeckt der alte Märchenerzähler
eine verlassene Sommergeschichte
unter einem roten Strauch.

ZEIT - LOS

es ist ein treiben

antrieb
auftrieb
treiben lassen

das band läuft mit
überhöhter geschwindigkeit
fahrlässig

bis es herausspringt
aus der Spur
gerissen

was tun

schneiden
kleben
wieder einlegen
zurückspulen

was bleibt

ist
letztlich in mir

WARTEN

Aschenbecher gefüllt
Streichhölzer geknickt
Luftlöcher gestarrt
Haar hinters Ohr gestrichen

Serviette zerknüllt
Krümel zusammen geschoben
Krümel verteilt
mit den Fingern getrommelt

in der Kniekehle gekratzt
Daumen gedreht
Beine übereinander geschlagen
mit dem Fuß gewippt

geseufzt
gestreckt
zusammengesunken

bewegungslos gewesen
beobachtet
entdeckt

aufgeatmet
gefreut
gegangen

SCHICK MIR EINEN ENGEL

Wenn es dunkel wird in deiner Seele
und du hilflos ruderst in der Zeit,
wenn du glaubst, um dich wären nur Mauern
und verzweifelt suchst nach Menschlichkeit.

Dann schicke ich dir einen Engel,
der dir zeigt, alles wird gut.
Seine Flügel werden dich sanft beschützen,
sein Gesang macht dir wieder Mut.

Wenn du denkst, es geht nicht mehr
und du nur noch auf der Stelle trittst.
Dann schließe die Augen, atme tief ein,
und fühle - du bist nicht mehr allein.

Denn der Engel ist bei dir,
der dir zeigt, alles wird gut.
Seine Flügel werden dich sanft beschützen,
sein Gesang macht dir wieder Mut.

Und so gehst du mit sicheren Schritten
in den Tag hinaus,
denn du weißt wohin und
nichts hält dich mehr auf.

Und der Engel bleibt immer an deiner Seite.
Nie mehr bist du allein.
Wirst alle Herausforderungen meistern,
denn du selbst wirst der Engel sein.

ZWISCHENRÄUME

Beendet also.
Strohhalm gekappt.
Der Angst ein Schnippchen geschlagen,
die da wollte
festhalten, Zwischenräume tilgen,
absichern.

Ungläubig.
Das hast du gut gemacht!
Wer sagte das?
Der Zweifler jedenfalls
war es nicht.
Gut gemacht also.
Beendet.
Nicht festgehalten.
Strohhalm geschlagen –
der Angst ein Schnippchen gekappt.
Zwischenraum gelassen.
Zwischenraum vergrößert.
Das hast du gut gemacht?
Warum dann
ein flauer Magen...
Ohne Absicherung
bin ich abgeschnitten
oder
zusammengefügt?
Was passiert nun in den Zwischenräumen?

VERÄNDERUNG

Stille Lust am Aufbruch –
Lichteinfälle im Tunnel meiner Gedanken.

Das Ungewisse und Möglichkeiten aushalten,
in Sandalen auf Mauern balancieren.

Zweifel in uns selbst können
Anstifter sein
für stärkere Geschichten
in Farbe.